PENSÉES POLITIQUES

D'UN SOLDAT

de la Garnison de Lyon,

EN 1832.

G. ALBERT-PLAGNOL,

EX-MILITAIRE
AU 23ᵉ RÉGIMENT DE LIGNE.

—◆—

PRIX, 1 F.

—◆—

A PARIS,

CHEZ LES PRINCIPAUX LIBRAIRES,

—◦—

IMPRIMÉ A BRUXELLES.

PENSÉES POLITIQUES

d'un Soldat de la Garnison

DE LYON.

Pensées politiques

D'UN

SOLDAT DE LA GARNISON DE LYON,

EN 1832.

C. ALBERT-PLAGNOL,

EX-MILITAIRE
AU 25ᵉ RÉGIMENT DE LIGNE.

———o———

Et vous qui vîtes pendant vingt ans le drapeau tricolore précéder nos légions invincibles, eussiez-vous pensé que le Coq, l'arrachant à l'Aigle audacieux, le traînerait dans la poussière et dans la fange ?

———o———

Avis.

Je me suis déterminé à livrer mes réflexions an Public, parce que j'ai cru qu'un soldat aurait droit à beaucoup d'indulgence, et que sa franchise tiendrait lieu au lecteur de l'agrément, de la grace et de la netteté du style.

Ce n'était d'abord qu'un compte-rendu à mes amis de mes principes et de mes sentimens. Ils avaient diversement interprété ma conduite depuis que les baïonnettes étaient devenues intelligentes ; il n'a pas été rare de voir de simples militaires penser, raisonner et faire de la politique comme tout le monde. Je dis plus, quelques-uns ont vu en moi un républicain effréné, d'autres, un carliste opiniâtre, que sais-je, peut-être un partisan du juste-milieu (j'avoue que je serais fort humilié si l'on avait pu avoir un instant cette idée de moi). Il se sont trompés. Je serais républicain aux États-Unis et j'aime la générosité de plusieurs d'entr'eux ; je suis légitimiste avec des restrictions capables de satisfaire le libéralisme le plus pur ; et pardessus tout, je suis Français, et comme tel, je désire la gloire, la prospérité de mon pays, l'union de tous les citoyens pour obtenir ce résultat.

Je n'ai prêté qu'un serment, et si depuis, une révolution m'en a délié, personne n'a su me dire encore quels étaient mes nouveaux engagemens. Je me suis considéré comme le soldat de la nation depuis que les Tuileries ont été désertées par leur ancien roi. Mais la nation a laissé tomber son sceptre, force a bien été d'obéir à celui qui l'a ramassé. Obéir n'est pas assez, il faut avoir la foi, croire à la CHARTE-VÉRITÉ, au juste-milieu, et aux promesses qu'il a faites, à la haute capacité des gouvernans, à la paix durable, à l'honneur français, à la bonne foi anglaise, à l'amitié des cours étrangères, à la légalité de tout ce qui s'est fait, au bonheur de tous, à la prospérité générale et à l'avenir. Le pouvoir a porté son exigence jusque là ; et la presse, qui l'a nourri au berceau, qui l'a réchauffé dans son sein, peut nous parler de ses rigueurs. Moi, qui ne suis rien ; moi, qui ne suis qu'un soldat à 50 cent. ; moi qui ne compte que pour une baïonnette de plus ou de moins, j'ai été persécuté, poursuivi par ceux de qui j'avais droit d'attendre protection et aide ; j'ai vu de hauts magistrats s'attacher à ma perte, j'ai gémi sous les fers, j'ai été exilé au sein de ma patrie. J'avais de graves torts sans doute, non, mais quelque chose décelait en moi un incrédule comme tant d'autres et me trahissait. Hier encore à la caserne, j'avais cinquante mille maîtres qui, pour satisfaire une fantaisie, pour un prétexte frivole ou supposé, pour m'avertir de leurs droits, pouvaient m'envoyer sous les verroux. Enfin, me voila dans les rangs du peuple souverain : j'en rends grace au ciel. Je puis rompre le silence auquel j'étais condamné, je puis avouer mes principes et me livrer à l'aise à toutes mes réflexions sur cette souveraineté fugitive dont chacun est si jaloux, qui nous est apparue comme un songe, et que nous n'avons pas su saisir. Un jour peut-être on nous en rendra l'exercice, il est sage et prudent d'examiner l'usage qu'il conviendra d'en faire. Ainsi au fond d'un noir cachot, le malheureux se représente, la douce lumière du jour et ses amis qui le reçoivent dans leurs bras sortant du palais de Thémis absous d'une odieuse prévention ; ainsi au fond de la Sibérie, terre où le nom de patrie ne se fit entendre qu'à travers les gémissemens et en remuant les entrailles, le Polonais livre son cœur à la douce espérance ; ou assis sur les tombeaux des martyrs dans les forêts de la Lithuanie, il tourne ses yeux mouillés de pleurs vers l'infortunée Varsovie, rêve encore la liberté, agite sa lance en frémissant et se remplit de la pensée d'un meilleur avenir aidé des souvenirs du passé.

La liberté ne peut mourir. Semblable à ces géans indomptables qu'on désarmait avec une liqueur trompeuse et empoisonnée, elle s'est laissée enchaîner. Mais lorsque le charme cessera, lorsqu'elle sortira du sommeil profond dans lequel elle repose, l'absolutisme pèsera en vain sur elle de tout son poids, les chaînes qui ont servi à la lier ne seront pas assez fortes et malheur à l'heure du réveil, malheur au moment de la secousse à ceux sur qui retomberont en éclat les anneaux brisés, à ceux qui lui ont fait de perfides caresses et qui ont travaillé à forger ses fers.

La liberté est une, indivisible et indéfinie, elle est ou elle n'est pas. C'est l'exercice de la volonté générale et non de la volonté particulière ou de quelques-uns. Jamais un parti, une fraction de peuple ne la procure à un état, car de la cabale naissent les priviléges, les exceptions, la méfiance, les inimitiés et les contentions politiques. La majorité d'un peuple s'exprimant par un vote universel peut seule la garantir à chaque citoyen. La liberté et la légalité sont donc inséparables ; l'on ne peut concevoir l'une sans l'autre. Tous les hommes sont soumis à son influence, mais une partie ne la comprend pas ; l'autre résiste à ses inspirations nobles et élevées. Ceux qui usurpent le titre d'amis de la liberté et qui veulent en recueillir les fruits exclusivement sont dans une erreur grossière ; il est absurde de supposer une moitié du peuple libre et l'autre ennemie de ses franchises. Les efforts qu'elles font mutuellement pour se vaincre tendent évidemment à débarrasser leur volonté de ses entraves. Puis les passions se montrent, ils veulent gêner celles des autres. La liberté se trouve sous leurs coups, elle expire ou s'enfuit car elle veut être à tous, dédaigne également le maître brutal et féroce, l'esclave vil et rampant.

La liberté fut le but premier de la société, afin que la garde en fut confiée à tous contre les attaques de tous. Je ne sais de quel nom il faudrait appeler une réunion d'êtres raisonnables quand elle s'est éloignée de son institution. Comment expliquer surtout l'ambition de celui qui est envieux de commander à ses concitoyens pour les priver de ce bien le plus précieux, qui veut de plein gré sacrifier son sommeil, sa part aux douceurs de la vie pour des palais dorés et une troupe de courtisans qui paissent autour de lui et dévorent avec un appétit glouton ce que nous gagnons avec tant de peine, prêts même à se jeter sur leur maître s'il ne fournissait plus à leur profusion.

C'était bon lorsque la presse, parole vivante de l'opinion qui l'a créé, et à laquelle elle rend la vie qu'elle en a reçue, n'avait pas répandu un grand jour sur la société et fait parvenir sa lumière aux plus bas lieux et aux sommets les plus élevés ; lorsque la plainte expirait dans la bouche qui les poussait ; lorsque les ressorts de la politique jouaient dans l'obscurité. Depuis il faut que tout rentre à sa place ou essuyer ses attaques qui demeurent enfin victorieuses, car sa force est irrésistible et incalculable. Si son témoignage était faillible où faudrait-il chercher la vérité ? Sans doute les erreurs, les préjugés, la flatterie peuvent emprunter sa voix, mais la passion et l'or lui ôtent ce caractère de vérité qui porte la conviction et persuade. Tous les éloges des apologistes du pouvoir sont semblables aux caresses que l'on achète une offrande à la main. Les uns ne conviennent qu'à ceux qui n'ont pas de jugement, de même que les autres ne plaisent qu'à ceux à qui il reste à peine des sens.

La liberté calme les fureurs du peuple et ne les excite point ; elle fait cesser la terreur qui naît de la résistance dans les combats qu'il faut livrer pour la conquérir ;

elle éteint toutes les haines politiques. Avec elle les rois n'ont pas besoin de satellites aux portes de leurs palais ; ils peuvent jouir de l'affection de leurs concitoyens, seule récompense des princes vertueux ; et ceux-ci se reposer paisiblement ou se livrer avec sécurité à leurs travaux et à leurs plaisirs sous leur garde. A son absence il faut attribuer les commotions sociales, les troubles des états et leurs chûtes, les guerres sanguinaires et tous les désastres publics. Concluons que la liberté est aussi nécessaire à la puissance des rois qu'elle l'est pour la tutelle du prolétaire.

La religion n'est point opposée à la liberté quoiqu'on ait paru vouloir en faire deux ennemies. Le dogme de l'égalité nous vient d'elle dégagé de tout préjugé. Elles sont sœurs, et leur alliance est nécessaire à la conservation de l'une et de l'autre. Combattez la religion, la liberté se trouve blessée de ces attaques ; portez atteinte à la liberté, la religion s'afflige par ce qu'on s'éloigne d'elle autant par un zèle indiscret que par l'indifférence et l'oubli. Calmes, douces et bienfaisantes, quand on les fausse, l'une devient fanatisme et l'autre anarchie ; l'une porte un flambeau, l'autre répand à pleines mains ses bienfaits sur les hommes.

Enfin, la liberté est le complément nécessaire de notre être. Sans elle ou plutôt sans l'amour d'elle, la vie est un fardeau accablant, le plus beau génie s'éteint, l'ame manque de ressort et les vertus sont mortes !

Or, y a-t-il d'usurpation plus grande, plus coupable que celle qui priverait un peuple de son droit souverain ; est-il rien de plus audacieux, de plus téméraire que de le lui ravir au moment de sa victoire lorsqu'il se repose sur ses lauriers et s'apprête à renouer les liens sociaux qu'elle a brisés. C'est dans l'ordre moral autant que ces prodiges qui ont quelquefois frappé le monde de stupeur et interrompu le cours de ses lois ; C'est un fléau, une famine, une catastrophe terrible ; ce désordre est passager ; les élémens se remettent en harmonie, la nature reprend son cours et fournit aux besoins de l'homme. Ils seront d'éternelle mémoire ces jours pour enseigner aux rois qu'ils peuvent perdre le pouvoir s'ils en abusent pour enseigner aux peuples que les trônes brisés se réédifient à leurs frais. Ils seront d'éternelle mémoire pour enseigner aux rois qu'ils ne sont que les premiers, les choisis du peuple d'où ils sortent et où ils retournent parfois se confondre, pour enseigner aux peuples que ceux qui l'excitent, l'émeutent et l'arment contre ses chefs ne cherchent souvent qu'à s'asseoir à la place qu'ils auront laissé vide quand ils les auront chassés avec ses bras ; ils seront d'éternelle mémoire pour enseigner aux rois que les fondemens de leurs palais sont sur la terre, pour enseigner aux peuples que le mot liberté ne veut pas toujours dire la chose, et que les ambitieux s'en servent à merveille comme d'une parole vraiment magique pour les conduire à leur fin et le mettre à l'attache, qu'à eux seront toujours les travaux, les peines de la vie, le champ de bataille où se verse à flots le sang des générations pour savoir qui d'un Pompée ou d'un César aura cette couronne, inutile hochet qui ne les préserve pas des misères humaines et n'empêche pas la roue de la fortune de s'éloigner d'eux. Qu'il se méfie donc ce peuple de ceux qui se présentent devant lui et disent faites ceci ou cela. Qu'il demande à être convoqué, qu'il devienne juge, personne ne saura mieux ses intérêts que lui-même.

Mon ame fut aussi émue au cri de liberté lorsqu'il se fit entendre en Afrique. Quelles que fussent alors mes craintes, je saluais à travers les mers cette révolution nouvelle que je ne connaissais pas encore et qu'on proclamait glorieuse, ou plutôt ce salut fut un vœu bien sincère parti du fond de l'ame pour le bonheur de ma patrie. Cependant un génie et un bon génie semblait me dire par un pressentiment secret : « Laisse applaudir ceux qui croient à une régénération complète, ne te mêle pas à leurs chants, ne partage pas leur folle joie, le jour ne se passera pas sans orage quoiqu'il soit beau à son lever. Je compris alors que la royauté qu'on disait avoir été imposée à la France, ne remplirait pas sa mission, et que le trône élevé sur le trône brisé pourrait bien se briser à son tour ou tomber faute d'avoir une base. En effet, cherchons aujourd'hui le fruit de la victoire immortelle : il ne reste que le champ de bataille et les tombeaux de ceux qui sont morts. Qui donc a pu profiter de la conquête ? je m'adresse aux combattans de juillet. « Quel fut la récompense de votre dévouement et de votre héroïsme ? que me répondront-ils ? Où sont ces héros ? nous foulons la poussière des uns, les autres ne respirent plus dans la patrie d'où les a arrachés une cruelle proscription ; et si quelques-uns errent encore au milieu de nous, ils ne font qu'exciter la pitié et le regret des uns la haine et la méfiance des autres et le sourire amer de plusieurs. Je m'adresse aux républicains ; quel a été votre lot ? leur colère qui s'exhale par la presse me dit assez qu'ils sont au nombre des victimes, que leurs prévisions furent fausses, leurs projets déjoués et leurs espérances frustrées. J'arrive au juste-milieu, vous vous êtes donc adjugé le tout ? Oui, disent-ils. Malheureux ! et l'indignation universelle que vous avez soulevée contre vous, et le mépris de l'Europe, de toutes les nations civilisées, et la misère du pays votre ouvrage, et la dignité nationale que vous avez compromise, et le drapeau d'Austerlitz que vous avez sali, et vos noms écrits dans l'histoire comme des noms abhorrés, comptez-vous tout cela pour rien. Poursuivez votre chemin le temps qui vous suit, qui vous presse, qui vous talonne, apportera à chacun selon ses droits. Je voudrais qu'il me fût permis de lire à découvert dans le cœur du monarque : j'y verrais des regrets pour la vie privée qu'il coulait si doucement à l'ombre de l'antique monarchie, qu'il rendait si intéressante par les bienfaits qu'il répandait autour de lui, et qui eût été plus belle si l'ambition qui le pressait d'en sortir n'en eût gâté un peu la jouissance. Enfin, je m'adresse à la France, à cette population nombreuse qui en fait la force, la gloire, qui en sera le salut. Elle s'est levée tout entière et fait entendre des plaintes capables d'effrayer ceux qui oppriment. Non, Charles X ne fut pas le plus malheureux, car l'étoile de la France s'est cachée depuis l'exil. L'histoire jugera-t-elle autrement cette époque et n'y verra-t-elle pas un exemple frappant de la duplicité des hommes qui ont marché pendant quinze ans sous un masque et que nous pouvons voir aujourd'hui, non sans surprise, à leurs véritables traits, et la frivolité de ceux qui, aux cris répétés avec fureur de Vive la Charte ! Vive la Liberté ! Vive le Roi ! ont tendu le cou sous un joug plus pesant.

Le temps qui fuit emportant dans sa course rapide les hommes et les choses, ne laissant pour marquer sa trace que des souvenirs qui souvent échappent à leur tour, a dissipé bien des illusions. Le bandeau n'est pas entièrement déchiré, nos yeux ne sont guères clairvoyants que lorsqu'ils se portent derrière nous sur des faits passés. Le terrain de la politique, fouillé et retourné aussi bas que peut descendre l'esprit humain, ne peut rien produire encore. Peu contens de la moisson ordinaire, nous cherchons un trésor, et nous le trouverons; car dès que les principes pourront germer ils produiront des fruits abondans, mais que de gens seront trompés !

Il est vraiment à regretter qu'il existe peu d'hommes influens, qui, exempts d'ambition ou de folles prétentions, étrangers aux partis, au-dessus de l'intérêt et des considérations serviles, maîtres de leurs passions, s'adressant à tous du haut d'une tribune élevée au-dessus de toutes les autres et innacessible aux avocats des factieux, des hommes qui n'aient pas sans cesse à la bouche le nom de patriotes, légitimistes ou doctrinaires, mais celui de Français. Français veut dire *honneur* et *gloire*, il serait entendu, ou il faut avouer que nous en sommes devenus indignes. Qu'importe au pays ces combats de la parole où les orateurs cherchent bien mieux à montrer leur talent qu'à instruire, ces raisonnemens subtils et profonds par lesquels les adversaires veulent mutuellement se rendre suspects à la multitude ou captiver sa faveur, et qui sont sans résultat utile.

Imposons silence aux passions tumultueuses. Recueillons-nous un moment, examinons les choses avec sang-froid et impartialité, ou plutôt, nous transportant en esprit à une époque éloignée et dévançant les âges, écoutons le jugement des siècles : « Alors les patriotes eu-
« rent le dessus : les légitimistes, les doctrinaires furent
« humiliés, chassés des administrations et des postes
« avantageux ; ils appelèrent ce gouvernement un gou-
« vernement populaire, libre et généreux. Les légiti-
« mistes arrivèrent au pouvoir et les patriotes furent ex-
« clus, honnis, ils rentrèrent dans leurs clubs, aigui-
« sèrent leurs armes et se préparèrent à recommencer
« la lutte, à obtenir un nouveau triomphe. La justice
« était invoquée dans tous les conseils, elle présidait à

« tous les actes. Enfin par aventure les doctrinaires , les
« plus minces capacités , les plus étroites têtes du pays
« eurent un jour la puissance. Les maux qu'ils firent à
« la France rappelleront long-temps leur règne sans qu'il
« soit nécessaire d'élever des monumens en pierre ou
« en marbre. C'est par les ruines en tout genre qu'ils
« porteront leurs noms à la postérité ; mais ils agirent
« toujours au nom de la loi qu'ils interprêtèrent d'une
« manière fort singulière ou qu'ils firent à leur façon.
« Compromettaient-ils l'honneur français par le rôle
« qu'ils jouaient vis-à-vis les cabinets de l'Europe , ils le
« faisaient légalement. Ecrasaient-ils le peuple d'impôts
« énormes , ils prélevaient l'argent de la fatigue et le
« dépensaient légalement à des fêtes bourgeoises où l'on
« encensait une nouvelle aristocratie assise non comme
« l'autre sur des parchemins, qui rappelaient souvent
« de belles actions et des titres à la gloire , mais sur des
« sacs d'or et des billets de banque, ayant pour attri-
« buts principaux l'orgueil, l'égoïsme et la sottise. Pour-
« suivaient-ils la presse qu'ils voulaient anéantir, pour
« s'approprier tout le domaine de la pensée , ils le fai-
« saient légalement. Corrompaient-ils les hommes dont
« ils avaient besoin pour en faire des ennemis au peuple,
« ils le faisaient légalement. Se jouaient-ils de la vie des
« hommes qu'ils faisaient assassiner par les agens de
« police, ils le faisaient légalement. Envoyaient-ils le
« soldat français , jadis si fier de la colonne , jouer le
« rôle de gendarme chez l'étranger , ils le faisaient lé-
« galement. Mettaient-ils Paris en état de siége et li-
« vraient-ils les citoyens à des tribunaux militaires, ils
« le faisaient légalement encore. Quand donc la France
« fut-elle heureuse pendant cet espace de temps ?
« Jamais. Toujours la multitude souffrit de ces di-
« visions qui, affoiblissant l'état, le conduisirent insen-
« siblement à sa perte ; toujours elle écouta avide-
« ment ceux qui lui promettaient un temps plus heu-
« reux , un temps comme l'on se figure l'âge d'or, l'en-
« fance du monde lorsque les Dieux, les héros, les
« bergers partageaient leurs travaux, leurs plaisirs et
« leur nourriture. Le mal venait de ce que la nation
« n'était pas consultée, parce que seule elle aurait trouvé
« son remède. »

On comprend que tous ces gens ne diffèrent guère que par le nom ou le moyen de séduction qu'ils emploient, ils veulent être les sauveurs, marcher en tête, ne nous y trompons pas, pour devenir les maîtres. La chambre élective nous fournit un exemple affligeant de la démoralisation. Convoque-t-on les colléges, on voit tous ces hypocrites candidats se traîner à terre devant les électeurs, et puis c'est à qui se vendra à un plus haut prix, c'est à qui marchandera le mieux avec le ministère. C'est bien la peine de faire de belles professions de foi et d'étaler avec orgueil un patriotisme qui n'est que dans les mots. Ames vénales ! ils vendraient la patrie s'ils trouvaient un marchand assez riche pour l'acheter. Ont-ils jamais pensé aux intérêts qu'ils représentent. Qu'ils rougissent si la reconnaissance publique, si les suffrages universels ne les touchent point, si l'exemple de députés courageux et indépendans ne peut rien sur eux. Espérons que l'on verra cesser ce scandale, et soyons en même temps persuadés que la représentation nationale sera un mensonge, jusqu'à ce qu'on voie un député aller à pied à la capitale et revenir de même après la session. Celui pour qui la gloire de servir son pays n'est pas une assez belle récompense, doit rester chez lui, qu'il soit comte, banquier ou avocat.

Nous avons besoin d'une loi qui voue à l'infamie le député qui, recevant un mandat du pays, accepte pour lui et ses enfans un emploi salarié autre que celui qui serait soumis à l'éligibilité ; qui ne le rende apte à en exercer les fonctions qu'après qu'il aura perdu ce caractère sacré. Tandis que les uns transigent avec le pouvoir, les autres font aussi leurs conditions avec leurs délégués. Montez sur mes épaules, et quand vous serez sur l'arbre jetez-moi une pomme, n'oubliez-pas que j'ai servi d'échelle. Ce négoce honteux se pratique à la face du soleil, au milieu d'un peuple civilisé et le plus éclairé de l'univers, sous les yeux de ceux qui veulent y voir, et l'on pourrait aller frapper à la porte de plus d'un électeur pour lui dire : « Merci, citoyen, grace à vous, no-
« tre département peut s'honorer d'un député qui en-
« tend et défend ses intérêts, mais aussi il n'a pas été
« ingrat, vos enfans sont placés, vous avez obtenu une
« bourse pour l'un, une perception pour l'autre. C'était

« le moins qu'on pût faire, il faut être généreux avec
« ceux qui sont libéraux. » Ainsi point de représentation tant que le droit d'élire ne s'étendra pas à toutes les
capacités, point de vérité, de légalité, tant que la nation ne sera pas consultée, tant qu'on ne l'appellera pas
à juger le passé, à statuer sur le moment. La liberté est
au fond de l'urne, il faut tirer le vote pour qu'elle en
sorte.

Qu'on ne se dise plus, où trouverons-nous un roi
juste entre les mains duquel nous déposions le glaive des
lois : où sont les hommes désintéressés et incorrupti-
bles qu'il faut placer à la tête de la république ; que de-
vons-nous faire, nous, gouvernans, pour regagner la
confiance. Allez consulter l'oracle. Sa réponse est in-
faillible ; ses paroles n'auront rien d'obscur ni d'équivo-
que, elles seront solennelles, elles sortiront de la bouche d'un grand peuple. Anathème alors, à qui se refu-
sera de se soumettre à sa volonté suprême. Jusques-là,
il ne faut accuser que celui qui redoute l'épreuve, et
refuse de s'y soumettre. La conscience d'un chacun est
du reste la seule règle de son opinion et ne doit rien à
celle des riches.

Tels sont mes principes, ils seront toujours la règle de
ma conduite, ils ne varieront jamais. J'ai encore une
opinion, elle n'est soumise qu'à la volonté générale ; et
lorsque celle-ci se sera exprimée je n'hésiterai pas un
instant à la sacrifier si elle lui est opposée L'incertitude
serait alors un crime. En attendant, je la dirai parce
qu'elle est conforme à ma conscience, parce que la dis-
simulation est un vice ou une faiblesse, parce que le
méchant seul se couvre du voile de l'hypocrisie. Je la
dirai parce que je n'attends pas le dénouement pour
passer à la dérobée dans le camp du vainqueur, si la
perversité du siècle recule ou rend douteux son triomphe,
parce qu'elle m'a attiré des persécutions, parce que la
charte m'en donne le droit, à moins qu'elle n'ait été
fondue avec la doctrine.

JUSTE-MILIEU.

Homme, je suis avide de liberté ; citoyen, je suis avide d'ordre ; soldat, je serais avide de gloire. Je dois m'attacher au gouvernement qui remplit le mieux ces conditions, parce qu'il est le plus utile au pays. J'ai promené mes regards autour de moi, j'ai compté tous les partis qui divisent le royaume et je lis sur chaque étendard : LIBERTÉ, BONHEUR ET GLOIRE. Où irai-je me ranger ? Le passé me crie: Crains de t'engager imprudemment, tremble avant de faire un choix et n'oublie pas le désordre, les odieux priviléges, l'arbitraire dont nous avons été tous témoins ou victimes sous le drapeau dont la devise fut LIBERTÉ, ORDRE PUBLIC.

Devrais-je m'arrêter devant la quasi-légitimité ? L'avenir ne mérite-t-il pas mieux de nous fixer qu'un pouvoir à qui tant de prophètes de malheur ont annoncé une fin prochaine, qui, selon eux, passe et s'enfuit, ne laissant à ceux qui se sont attachés à lui que d'humilians souvenirs et au peuple une large part de misère ; qu'un pouvoir à qui il était réservé d'attirer sur la France le mépris de tous ses voisins, dont elle n'avait jamais excité que les haines et commandé l'admiration; qu'un pouvoir qui n'a procuré ni la paix bienfaisante ni la guerre qui fait oublier les maux qu'elle traîne après elle ; qu'un pouvoir bâtard, démentant son origine et auquel on ne peut dire sans injure, d'où sors-tu ? qu'un pouvoir enfin que tout accuse et qui ressemble à ces vieilles tours, qui, n'ayant presque plus de fondemens semblent rester debout par enchantement, et attendent le premier choc pour mêler leurs débris aux débris qui les entourent. Elle est vaincue, vous dira-t-on, cette légitimité de quelques jours ; soit, car j'aime mieux la voir périr de sa belle mort que de la combattre, mais les fautes qu'ont faites les doctrinaires et ces sots et perfides conseillers de la couronne, pourront servir à l'instruction; le blâme général doit tomber sur ceux qui se chargent du destin d'un peuple ; leurs successeurs n'ont fait que l'avilir et le dégrader. Que si le pouvoir n'a pas échappé à ses mains trop faibles pour le retenir n'en voyons la cause que dans le nombre de ses ennemis. Tandis qu'empressés et attentifs ils s'observent, se surveillent, se provoquent et cherchent à déjouer leurs mutuels projets, elle subsiste au milieu de leurs divisions, et si un coup la frappe qui doit l'abattre, un autre la relève quand elle est chancelante et prête à tomber.

Qu'on se rappelle son origine, et voyons-la dans ces premiers jours où elle annonça solennellement la charte vérité. Ses promesses furent toutes magnifiques, sa confiance fut sans bornes, ses amis assez nombreux, et le premier pas qu'elle fit, fut la violation manifeste du contrat qu'elle avait fait, le refus formel de remplir la condition expresse de son élévation, celle de l'appel au peuple. Depuis, ajoutant l'ironie à l'insulte, on lui conserva le titre auguste de monarchie populaire. Il faut l'avouer, elle nous offrit sa charte comme une de ces statues froides et insensibles du paganisme qui servent à marquer les distances d'une route, ou à orner les avenues d'un jardin, n'ayant ni oreilles pour entendre la prière du suppliant, ni puissance pour éloigner le malheur, et pendant que le peuple s'est livré à ce nouveau culte, elle s'est engraissée de la chair des victimes elle a grossi son trésor des riches offrandes qui lui étaient apportées. Grand nombre d'orateurs furent et sont encore à ses gages. Des journaux furent corrompus, désarmés à force d'or (corruption peut-être plus funeste que les ordonnances), des troubadours se répandirent partout célébrant son triomphe et la félicité publique, accusant le passé et faisant tout espérer dans l'avenir. Inutiles précautions! L'industrie mourante, la confiance perdue, la misère ont excité bientôt des plaintes plus fortes et plus éloquentes que tous ces airs devenus inutiles pour charmer les maux qui se faisaient sentir ; vraie dérision, véritable insulte faite à un peuple généreux et loyal, hymne du plaisir chantée au lit de mort.

Ici je pourrais passer en revue tous ces actes, dont chacun fut une déception, un piége, une imposture. Ce serait trop long , et telle n'est pas la tâche que je me suis imposé ; je ne veux que gémir sur le mal , mêler ma plainte à tant d'autres. Ainsi je n'irai pas fouiller les archives du ministère public pour énumérer les procès innombrables intentés à la presse , dont un petit nombre a provoqué des condamnations , et qui tous ou presque tous ont obtenu du tribunal de l'opinion publique une absolution éclatante ; je ne descendrai pas dans les prisons régorgeant de citoyens , et qui ont reçu entre leurs murs les illustrations du pays ; je ne montrerai pas le jury, ce tuteur naturel de nos droits, éloigné de son institution par l'arbitraire qui a voulu en faire son instrument ; je ne chercherai pas dans les rues quelques-unes de ces croix jetées à poignée ; je n'irai pas m'asseoir aux pieds de ces forts menaçants qui s'élèvent autour de nos villes, et me livrer à de tristes conjectures ; je ne parcourrai pas les places publiques , où des taches de sang attestent encore que le sang français a coulé sous des mains françaises. Mon devoir serait plutôt d'en effacer la trace , pour faire oublier que les armes dont on s'est servi avec gloire contre les ennemis ont été tournées contre nous-mêmes. Essaye qui voudra de reproduire l'image de ces luttes déplorables, dans lesquelles des bataillons pressés et couverts de fer marchaient contre une population inoffensive ; dans lesquelles on a pu voir la baïonnette du satellite toucher le sein d'une mère éplorée serrant son fils dan ses bras tremblans , ou appuyée sur la poitrine de ce jeune homme qui s'avance hardiment, et semble demander à ses adversaires : êtes-voûs Français ? scène si affreuse qu'il est difficile de dire qui l'on doit plaindre le plus de celui qui frappe, ou de celui qui est frappé. Qu'est-ce qui portait les uns, si timides, si faibles , à braver la mort, qu'est-ce qui glaçait le courage des autres, si féroces dans les combats. Celui qui se sent une ame le comprend assez. Jetons un voile et cachons ces plaies.

La coupe du pouvoir est donc bien enivrante pour que tous ceux qui y posent les lèvres soient saisi d'un vertige et courent se jeter tête baissée dans l'abîme creusé à coté de lui , et que tant de victimes n'ont jamais comblé.

Maintenant si je cherche cette garde civique dont la France naguères , était si fière et si orgueilleuse, dont l'étranger redoutait la valeur et le devouement ; tous ses rangs ont été rompus, elle a été dispersée comme un troupeau. A peine se montre-t-elle dans ces lieux où elle développait ses belles légions. La plupart de ceux qui la composent ne se montrent que sous le costume bourgeois, et s'ils assistent aux revues c'est au milieu des curieux qui observent. On les croirait confus. Ah ! le jour où ils s'armaient avec enthousiasme, où ils étaient empressés de revêtir ce noble habit, il était loin de leur pensée, qu'ils ne serviraient que de garde d'honneur, qu'on les enverrait seulement sur les grandes routes former la haie sur le passage d'un prince ; qu'ils recevraient en échange de leurs nombreux et chauds vivats, des ordres du jour qui leur annonceraient non pas qu'il faut voler à la frontière et défendre l'indépendance, la dignité nationale, mais que sa tenue riche et brillante avait charmé les yeux du juste-milieu, et que leurs acclamations avaient flatté agréablement l'oreille du triomphateur.

Par un calcul qu'on ne peut expliquer, le pouvoir porta sa main destructive sur tout ce qui pouvait lui offrir un appui ; il fronda les croyances comme il dédaigna les avis et les sages conseils, il chercha par tout les moyens à faire des mécontens. En cela il fut vraiment ingénieux et habile. La religion restait au peuple, la religion si puissante pour faire supporter aux hommes les revers de la fortune et les calamités publiques. On voulut l'outrager, la proscrire et l'administration Montalivet acquit, on le sait, par là une triste renommée. J'ai parcouru le midi, et j'ai vu en divers lieux, des tas de pierres qui avaient formé un piédestal sur lequel s'élevait la croix du Sauveur. Les vieillards, les femmes, les enfans, toute une population pieuse avaient en vain formé un rempart pour défendre l'objet de leur culte. Le voyageur ne s'arrête plus en passant aux pieds du signe sacré ; rien ne lui rappelle plus le long voyage dont elle était le symbole. Nous accusons les barbares qui, inondant la Grèce, enlevèrent aux arts de nombreux chefs-d'œuvre et posèrent la hache sur tout ce que le talent et le génie avaient produit de plus admirable. Que dira la postérité du peuple qui brisa lui-même ses autels, qui peut-être aurait renversé ses temples, s'il n'eût redouté le zèle de ceux qui conservaient la foi. Français, ceux dont vous vous glorifiez d'être les imitateurs, consacraient leurs armes aux dieux, ils les invoquaient dans les combats; ils mettaient leurs villes sous leur sauve-garde, et tous les états durent leur prospérité, leur élévation, leur gloire à ce respect conservateur des lois. Préférez-vous au Dieu de nos pères Jupiter ou Minerve, allez chez le statuaire, mais laissez au peuple son Christ et son Evangile.

Oublions tous ces crimes, il ne faut que gémir sur l'aveuglement qui s'empare quelquefois des hommes. Cet avenir de gloire s'est-il plus réalisé ? Les vainqueurs de juillet dirent soyons tous soldats ! Ils coururent aux armes, ils promirent la liberté au monde, et le monde l'attendit d'eux un instant. Abusés, ils n'ont pu s'associer aux peuples qui s'étaient levés à leur voix ; ils ont été impuissans pour secourir cette héroïque nation qui nous appelait d'une manière si énergique, parce qu'elle a mêlé vingt ans son sang avec le nôtre ; ils ont été impuissans pour eux-mêmes, et ceux qui n'ont pas voulu se séparer du pouvoir n'ont eu à combattre que des Français, des frères dont le sang crie encore. Qu'on rende une patrie à ces Italiens, à ces Polonais dont le plus grand malheur sans doute, après avoir succombé, est d'être venu chercher ici un asile ; qui sont un objet de méfiance pour le gouvernement qui les a excités ; qui ne peuvent aller pleurer leur défaite que dans le lieu qu'on leur a marqué, ou qui vont expier leur dévouement dans cette ville conquise sur la Barbarie. Voila donc l'hospitalité qu'on leur donne ! que ne sont-ils plutôt morts en combattans.

Le dernier acte de la restauration contre laquelle on crie sans fin, sans cesse, fut un bienfait pour l'humanité. Le terrible boulevard de la barbarie qui défiait depuis long-temps les nations réunies, est tombé. Le monde civilisé a dû applaudir à ce triomphe et les vaisseaux qui vogueront désormais paisibles sur la Méditerranée lui devront cette sécurité.

Qu'est devenue aujourd'hui, quoiqu'on en dise, cette conquête ? Hélas ! on aurait oublié Alger, si on n'apprenait chaque jour qu'il devient le tombeau de nos soldats, ou que de nombreux citoyens ou refugiés, y sont déportés, comme si la cité ne devait avoir pour habitans que des esclaves, et que la liberté ne pût s'acclimater au ciel d'Afrique. Quel contraste! Un roi brise les fers d'une population entière, affranchit les mers et bientôt il fuit lui-même sur un rivage lointain, banni de sa patrie. Un nouveau règne commence, il est salué comme l'aurore d'un beau jour, comme le commencement d'une ère nouvelle, qui doit changer le sort des nations, et la Pologne est écrasée plus qu'elle ne le fut jamais sous le joug des Russes, il n'en reste que le nom glorieux et quelques débris fugitifs; l'Italie est couverte de baïonnettes étrangères et devient une vaste place d'exécution; la Belgique ne peut obtenir le souverain qu'elle s'était choisi; nous assistons à cette grande représentation l'arme au bras comme un piquet d'honneur pour protéger la non-intervention. Lorsqu'un gouvernement a blessé tant d'intérêts divers, excité tant de haines au dedans, mécontenté ceux qui devaient être ses alliés naturels, peut-il trouver encore quelque soutien. Il se repose sur l'armée; mais pourra-t-il l'opposer toujours sans danger à la nation, s'il continue à s'éloigner d'elle. Les devoirs du soldat ordinairement si précis, si exacts, sont devenus incertains et difficiles; sa position peut être à chaque instant un problème à résoudre, le même chemin le conduit aux prisons et aux récompenses. D'un côté, la nation peut lui dire : « Tu es sorti de « nos rangs, tu y rentreras, tes intérêts, tes parens, « tes amis sont ici, les voila. » De l'autre, le roi lui dit : .... Que lui dit-il! Toujours armé, il veille au milieu de nos villes comme dans un camp ennemi; les adversaires qui se présenteront au combat sont des hommes qui ont ses mœurs, ses habitudes, son langage, une même patrie. Ils forment la population de cette ville qui les nourrit, et sont la France. Il est donc continuellement placé dans l'alternative cruelle de désobéir à son chef ou de verser le sang français. Il n'ignore pas que les lauriers immortels ne croissent que sur une terre étrangère, et que s'il est des couronnes à mériter sur la terre natale, ce n'est qu'en protégeant la paix, l'industrie et les arts. Qu'un pays est à plaindre, quand il en est venu à ce point. Jeunes gens, quittez donc la charrue pour prendre un mousquet, sortez de vos foyers pour aller dans les camps.

Tel est le gouvernement qui pèse depuis deux ans sur la France; telles sont les œuvres de la faction qu'on appelle juste-milieu, tels sont les résultats de l'application de la merveilleuse doctrine. Je conviens qu'il est inutile de renouveler des accusations portées mille fois au tribunal du pays, et qui sont restées sans réponse, de vouloir ajouter à la honte de ce parti, puisqu'elle a comblé la mesure et qu'elle déverse, de s'occuper d'un passé auquel il ne faut demander qu'une leçon. L'on revient sans cesse à ce que l'on a à cœur. C'est de l'avenir qu'il faut exiger un compte sévère de ceux qui ont les destinées du pays entre les mains. Il importe de savoir si les engagemens qu'ils on pris avec leurs ennemis sont définitifs; s'ils seront parjures avec leurs alliés secrets ou s'ils continueront à l'être avec la France. Cette question est grave. La convocation des chambres en aura peut-être la solution. Sans l'attendre, je passe vers un autre parti qui m'offre plus de garantie.

On demande si un retour à un meilleur système, si une abdication généreuse pourraient sauver la royauté citoyenne de la chute terrible dont on la menace. La réponse exige un examen sérieux. On n'a pas toujours la force d'adopter telle ou telle mesure. Que le pouvoir aggrave davantage sa responsabilité, qu'il persiste à suivre une marche tortueuse et qui l'égare; qu'il découvre le vice de son institution et de sa faiblesse, qu'il se décide selon son gré à marcher d'un pas ferme et résolu vers l'absolutisme. Les droits de ses adversaires deviennent plus forts. Il sera difficile de le sauver du naufrage. Il avance à pleines voiles vers l'écueil où il doit se briser; il n'est peut-être plus au pouvoir humain de conjurer l'orage. En vain on appellerait la jeunesse à de nouveaux exploits. Ce cri de gloire serait bien entendu, mais le peuple frivole ne courrait pas à de nouvelles conquêtes, tant qu'il sera vaincu chez lui.

RÉPUBLIQUE.

Le règne de la quasi-légitimité venant à cesser, dois-je désirer la république ?

Tous les gouvernemens sont bons en eux-mêmes, c'est-à-dire qu'il peuvent rendre les peuples heureux lorsqu'ils sont vrais et qu'ils répondent à leur institution. Je ne combattrai pas la forme républicaine pour lui préférer la monarchique, je lui donnerai peut-être la préférence en d'autres temps, en d'autres lieux. Convient-elle à la France ? je ne le pense pas. Avant de présenter les motifs qui me font juger que ce système ne peut s'appliquer chez nous, je dois dire ce que j'entends par démocrate, j'examinerai ensuite s'il en est et s'ils sont nombreux. Le vrai républicain est celui qui s'accommode aux intérêts du plus grand nombre, et qui ne prétend de part à la souveraineté commune qu'en raison de ses services ou de son mérite. Son ambition est satisfaite lorsque sa patrie est en paix et heureuse : souvent ignoré, obscur, il se montre sur le théâtre des affaires seulement lorsque la liberté du pays, sa prospérité et son indépendance sont menacées ; il est peu empressé ; il n'étudie point l'art de séduire le peuple pour s'en rendre le tyran en flattant ses passions, car il pense qu'il est également honteux d'être le courtisan de la multitude et des grands : il lui adresse de violens reproches lorsqu'elle s'égare, il plaide hardiment sa cause devant les patriciens. Rarement il est riche, mais si la fortune a versé sur lui ses bienfaits, il n'appelle pas à sa table somptueuse de nombreux convives ; il n'a pour hôtes que ses amis particuliers ou les malheureux. Il n'épuise pas ses trésors par des largesses, parce que celui qui sacrifie ainsi sa fortune ne la sacrifie qu'à lui ou à son ami sans que la patrie ait aucune part au sacrifice. Il méprise le luxe, et s'il a le commandement, il le proscrit. Il ne possède pas cette politesse exquise qui séduit et qui trompe ; ses mœurs sont franches, sévères, et il se fait bien mieux remarquer par le cœur et le caractère que par l'esprit. Enfin, il possède toutes les vertus qui honorent l'homme : modération, générosité, désintéressement, humanité, valeur ; il y a chez lui plus de rudesse que de fard. Celui que l'on arrachait à la charrue pour lui confier le glaive dictorial et qui cheminait vers Rome où il devait revêtir la pourpre, regrettant son champ, sa femme et ses enfans ; celui qui ailleurs renonçait à l'honneur du commandement en faveur de son collègue plus capable mais non plus digne, celui qui après avoir manié les richesses de l'état, mourait ne laissant à ses enfans qu'un modeste héritage et un grand nom, méritait éminemment ce titre. Qu'on me montre des hommes de ce caractère et j'irai, saisi d'admiration, tomber à leurs pieds. Ils méritent également l'affection des peuples et des bons rois. Soyons tous républicans sous un prince qui voudra faire alliance avec la liberté et qui consentira à la faire asseoir sur le trône à côté de lui.

Reconnait-on à ces traits ces hommes qui se faisant, je ne sais de quel droit, les interprêtes de l'opinion du pays, s'attribuant une mission qu'ils n'ont point reçue et voulant instituer leur bon plaisir à toutes les voies légales, refusant d'appeler le peuple aux délibérations, et ne s'occupant de rien moins que de lui procurer toutes ces franchises qu'ils lui ont promises. S'ils suivaient les principes dont il font gloire, ils demanderaient à grands cris la convocation des états et des assemblées primaires, afin que le vœu national, sortant de l'urne, termine nos débats et nos divisions, ferme la bouche à leurs adversaires ou leur impose silence à eux-mêmes. Il y a une fatalité qui entraîne sur les pas de quelques ambitieux une jeunesse ardente et généreuse dont ils ont su s'emparer, et qui fait que tant de citoyens se laissent surprendre par les vains discours de ces nouveaux Pisistrate, qui viennent non pas exposer leurs blessures pour exciter la compassion publique, mais faire entendre des plaintes continuelles pour des injures qu'ils n'ont point reçues. Ceux qui les écoutent se fient à leur sincérité, croient s'affranchir, et ils ne font que passer d'un maître vers d'autres plus adroits qui, possédant toutes les ressources de la parole, savent les attirer par ses prestiges dans leurs filets. Je ne prête pas de sinistres desseins à tous les partisans de la république ; des hommes de bonne foi, des hommes d'un noble caractère et qui méritent qu'on les honore, sont mêlés dans leurs rangs. Abusés, ils en abusent d'autres à leur tour ; la vérité que tant de nuages enveloppent leur échappe ; ils courent en riant vers un avenir enchanteur. Imprudens ! ils rencontreront l'anarchie, ils en seront effrayés et peut-être victimes. Ce n'est pas sur le bord du fossé qu'on peut revenir sur ses pas. Au reste, cette exception étant d'autant moindre qu'elle est honorable, et le nombre de ceux-ci étant trop petit pour faire pencher la balance, je tiens qu'il n'y a pas en France un assez grand nombre d'hommes guidés par de vrais principes de républicanisme, que nos mœurs ne sont pas préparées à cette forme de gouvernement et que la masse de la nation la repoussera.

Ne nous y méprenons pas, il y a dans ce mot république deux idées bien distinctes, celle de la forme et celle de l'esprit : il est utile de les examiner à part. L'une est indifférente quant au fond, l'autre convient également au gouvernement monarchique représentatif et au gouvernement purement démocratique, il est même essentiel, car sans lui la représentation serait fictive. Or, beaucoup de gens ont l'esprit et rejetent la forme par raison ; un bien plus grand nombre veut la forme, y tient opiniâtrément, se prend sans savoir pourquoi d'une belle passion pour elle et ne se fait remarquer que par l'opposition qui existe entre ses mœurs, ses sentimens, ses habitudes et celles du démocrate. Arrogans, ambitieux, frivoles, ils se pavanent avec ce titre comme ce coq qui avait pris la parure du paon. Qu'ils y prennent garde, on découvrira l'imposture, on leur arrachera ce plumage étranger et ils resteront confus.

Cependant je ne veux pas faire le procès aux personnes ; j'aime qu'on respecte mon opinion et je respecte celle d'autrui ; de plus, j'accepte les républicains pour juges dans la cause. Qu'il me soit permis d'appliquer ce système à la France ; son étendue, sa constitution, me fourniront peut-être quelque argument pour combattre. Paris demeurant capitale, devrait un accroissement de puissance et de gloire au nouvel ordre de choses, il se remplirait d'un nombre infini d'intrigans et d'aventuriers qui iraient y chercher bonne fortune, les provinces deviendraient désertes ou cacheraient quelques-uns de ces hommes d'un rare mérite qui n'aiment point à se montrer. La centralisation déja si funeste serait complète. Cette cité fière serait bientôt par rapport au reste de la France ce qu'était Rome à l'Italie. Qui sait si on ne verrait point quelques jours des habitans de Marseille ou de Lyon aller demander le droit de bourgeoisie. Toutes ces villes opulentes perdraient leur éclat et seraient entièrement effacées. d'un autre côté, les gouvernans auraient leurs flatteurs, leur cour, les querelles qui surviendraient entre ces puissans rivaux deviendraient les querelles des départemens, des contrées entières ; et entre tous ces tyrans s'élèverait encore quelque génie puissant et extraordinaire qui les dominerait tous, les foulerait aux pieds et saisirait le souverain pouvoir pour s'élancer sur le trône. Ce serait le plus léger des maux que nous aurions à redouter. Nos prévisions doivent aller plus loin. L'étranger tient dans ses mains une pomme de discorde, l'Angleterre, notre amie, serait peut-être la première à l'envoyer au milieu de nous, et profitant de la division qu'ils auraient mise, tous nos voisins tenteraient de concert la conquête, devenue dès lors si facile, de cette belle France.

Supposons à présent que chaque ville ou province aura son sénat, sera indépendante pour veiller à ses intérêts, régler ses rapports avec ses voisins, par conséquent libre pour vivre en paix ou faire la guerre. Tous les élémens de désordre qui peuvent troubler un état seront réunis. Nous voulons commencer par où finirent tous les autres. Nous sommes par nos mœurs, par nos habitudes ce qu'étaient les républiques anciennes lorsqu'elles sont tombées : nous avons tous les principes de dissolution qui avaient fait présager leur chute et rien qui puisse garantir une durée de quelques années. Pour dire ma pensée toute entière et mes craintes, avant d'arriver là, il faudra verser des flots de sang, faire tomber des milliers de têtes, rendre des villes désertes par les proscriptions et livrer ensuite les bourreaux eux-mêmes à la vindicte publique pour achever ce drame sanglant.

Si mon caractère fier et indépendant ne pouvait s'accommoder d'un roi, non comme certain, mais d'un roi nourri loin du pouvoir enivrant, dont l'ame ne serait point flétrie par l'encens des cours, brillant de ces qualités qui annoncent le grand homme choisi par le peuple, citoyen plus que de nom, j'irai sous un ciel inconnu me mêler parmi un peuple dont les mœurs me sembleraient convenables, ou si ma voix pouvait retentir au loin, je crierai de toutes mes forces à ceux qui partageraient mes sentimens : Réunissons-nous, amassons nos biens, emmenons nos femmes, nos enfans, fuyons sur un rivage éloigné, nous fonderons une ville, nous ferons nos lois, nos dieux; nous donnerons naissance à un nouveau peuple. Là, il n'y aura aucun des préjugés de la vieille Europe, aucune caste privilégiée et arrogante, aucune grandeur importune. Nous serons tous souverains, et personne n'élevera sa maison plus haute que celle de son voisin. Qu'est-ce qui peut nous retenir ? est-ce l'amour de la patrie ? La patrie n'est point l'air qu'on respire, la terre qu'on foule aux pieds. Elle est ce lien moral qui unit les hommes; elle en forme une société, une famille, elle voyage avec eux. La renommée, traversant les mers, annoncerait bientôt la gloire du nouvel état, et peut-être ce qu'on appelle aujourd'hui légitimiste, républicain, doctrinaire, irait jouir de la sagesse et des bienfaits de ce gouvernement. Moi-même, si aucun devoir sacré ne m'attachait aux lieux qui m'ont vu naître, j'irai demander l'hospitalité au peuple-roi et j'envîrai le bonheur d'être compté au nombre de ses concitoyens. Celui à qui sa première demeure est devenue odieuse, qui ne veut plus s'asseoir à la table commune, doit-il déchirer le sein de sa mère, jeter l'étincelle incendiaire dans la maison paternelle. Que plutôt, oubliant tous les devoirs de la piété filiale, il aille dans un lieu profond cacher sa honte et ses remords.

Les fleuves versent toujours le tribut de leurs eaux dans les mers d'où ils sont sortis; des pluies fécondes reviennent dans chaque saison fertiliser la terre; la température reste la même dans les mêmes régions. Pourquoi le monde politique est-il si inconstant? Voila tout le fruit que nous avons tiré des leçons terribles que nous avons données pendant vingt ans au monde. Hommes de chaque parti, vous avez eu votre règne; et qui sont ceux qui n'ont pas été accusés par tous les autres. L'union de tous, une concorde parfaite sont nécessaires ou le destin de la France est bien incertain. Les abus graves qu'amenèrent ces grands événemens furent déracinés en partie et le seront entièrement. La révolution de juillet seule n'a pas eu de résultats ou n'en a eu que de déplorables. Ne rejetons pas tous ce qui tient à ces vieilles époques, ne répudions pas la gloire de quatorze siècles. Ce n'est pas en brisant les tables sur lesquelles étaient gravées les lois qui régirent nos pères, pour en faire de nouvelles, que nous arriverons à ce point élevé de civilisation où se portent tous ces regards. Craignons que nos yeux ne soient couverts d'un voile mystérieux et magique comme ceux du pilote reconduisant Télémaque à Ithaque, et que cet avenir ne soit qu'une ombre que nous offre un génie malfaisant. Tous ces bouleversemens n'ont jamais servi qu'à satisfaire la vanité d'un petit nombre, et enfin l'ambitieux qui remue le monde, passe aussi rapidement que l'homme ignoré. Le citoyen compte à peine dans la vie quelques années paisibles; une multitude d'insensés oublie les soins si intéressans de sa famille et de ses affaires, pour s'occuper de celle d'un habile séducteur, au point que non seulement ses actions, mais sa volonté même dépend des caprices du tyran qu'il s'est choisi. Terrible servitude! Elle ne laisse pas même l'espoir de briser ses chaînes.

Je placerai ici une réflexion qui d'abord paraîtra étrangère, mais qui ne l'est pas entièrement. Elle me fournit un exemple mémorable de l'inconstance du sort et l'occasion de payer un tribut de douleur et de regret. Le fils de l'homme a donc suivi son père dans la tombe, comme un météore lumineux, après avoir fixé tous les regards, il est retourné se perdre dans l'astre brillant qui l'a produit; l'aigle a revolé vers les cieux, le monde qui s'ébranlait sous les pas du vainqueur d'Austerlitz est resté saisi de surprise et d'admiration, en sorte que la mort du prince infortuné n'a pas causé moins d'impression que la chûte d'un empire tombé. On pourra désormais sans exciter aucun courroux jeter des couronnes et des guirlandes aux pieds du monument qui rappelle son souvenir. Que sont devenus les amis du père qui avaient reportés sur le fils toute leur affection ? Les républicains, dit-on, leur ont ouvert leurs rangs et quelle que soit la distance qui est entre le despotisme impérial et la démocratie il n'y a pas de quoi étonner personne, pas plus que ces républicains qui se firent un jour monarchistes pour redevenir républicains de plus belle. La legèreté de l'homme explique ces métamorphoses, indépendamment des circonstances qui peuvent les amener et les rendre conséquentes. Avouons toutefois, que le parti dont il s'agit, porta son zèle un peu trop loin. Parce qu'un grand homme n'était plus, et que la fatalité plus puissante que le génie humain l'avait précipité du haut de son trône, ceux qui partagèrent ses exploits et sa gloire, n'avaient pas cessé de pleurer, et dans leur douleur ils avaient presque oublié qu'ils leur restait une patrie. Il fut beau de voir leurs fronts brillans de cicatrices s'obscurcir lorsque le héros s'éloigna d'eux sans retour; de les voir se couvrir de deuil lorsqu'il termina sa vie glorieuse sur le rocher désert. Mais tout doit avoir un terme dans la vie, et la raison en met un à la douleur. Des regrets inutiles n'honorent point la mémoire des illustres morts. Si quelques-uns des soucis qui agitent les mortels peuvent encore occuper leurs ombres, ce n'est que celui de la patrie à laquelle ils appartinrent. Désormais ils ne peuvent plus rien pour leur gloire. Quand je passe devant un tombeau qui renferme les cendres d'un homme vertueux et regretté ; je bénis sa mémoire. Je ne renonce pas à mes devoirs envers les citoyens, au contraire, je me sens encouragé à les mieux remplir et j'emporte avec moi le désir de marcher sur ses traces et d'imiter ses vertus. Insensé qui s'arrête en cet endroit se bornant à une admiration stérile et vaine. Il faudrait donc dérober à tous les yeux ce qui peut conserver dans la mémoire des hommes les belles actions produites par la valeur et la vertu.

Le plus estimable entre les hommes est celui qui fit le plus pour son pays. On a droit de se plaindre de ceux qui adressent aux individus le tribut d'amour et de dévouement que nous devons à cette mère commune. La victoire peut être infidèle, elle abandonna nos guerriers immortels, mais le sentiment sublime et divin triomphe de tous les revers.

On demandait si le fils aurait supporté le poids de la gloire de son père, si, élevé en Allemagne, il était resté assez Français pour s'associer à la France nouvelle. La mort a répondu.

Adieu tombeau auguste, tu semble élevé au milieu des siècles pour avertir les peuples et les rois de la vicissitude des choses humaines.

CONCLUSION.

De l'autre côté de la mer, aussi sur la terre étrangère, vit un jeune banni. Le peuple qui se dit le plus généreux de l'univers l'exila encore enfant. Tendre victime, il porte la peine de la faiblesse et des fautes de sa famille. Il est sans patrie, il n'a plus son père, et cependant Henri IV, dont la mémoire est si chère à tous les Français, est son aïeul. Son malheur, son innocence, son âge, n'ont pas trouvé grace devant la nation magnanime. Cette longue lignée d'ancêtres depuis Robert-le-Fort qu'on appelle *droit de naissance*, n'a pas été seulement pour lui un motif d'exclusion à la couronne, mais l'a fait priver du droit de citoyen. Ceux de ses partisans qui ont voulu lui faire une vraie légitimité par les suffrages de la majorité de la nation n'ont pas été entendus, et ce mot échappé à quelque bouche indiscrète, est continuellement répété pour réponse à tout ce qui a été dit en sa faveur, *droit divin!* Il mourra loin de la France, oui, qu'il meure loin d'elle, si les étrangers devaient le ramener; s'il ne devait régner que sur une faction; s'il ne devait voir en nous que des sujets, ou être le préfet de la sainte-alliance. Mais si, touchée de son infortune et de ses vertus, lasse des divisions qui déchirent son sein, honteuse des humiliations que lui ont fait subir ceux qui la gouvernent, la France tournait les yeux vers la terre d'exil !............

Qu'est-ce qui pourrait nous surprendre ? N'a-t-on pas vu Louis XVI porter sa tête sur l'échafaud ? N'a-t-on pas vu l'invincible prisonnier à Sainte-Hélène ? N'a-t-on pas vu le plus fier des républicains, l'ennemi redouté des rois, celui qui mérita le titre de LIBERTÉ DES DEUX MONDES, ramasser une couronne tombée et perdue au milieu des autres débris de la puissance, la placer de ses mains qui brisèrent les chaînes des Américains, sur la tête d'un duc d'Orléans au milieu d'un triomphe populaire ? N'a-t-on pas vu le roi-citoyen, le roi sorti des barricades tendre la main aux souverains absolus de l'Europe. O Lafayette ! qu'étaient devenus ces principes d'indépendance qui te procurèrent tant de célébrité ! Le jour de les faire triompher arrive, et tu les renies d'une manière solennelle. Couvert de cheveux blancs, prêt de toucher au terme de ta carrière glorieuse, tu succombes à l'épreuve, tu trahis l'homme, de sorte que la postérité dira de toi : Il sacrifia à l'autel de la liberté, mais un autre dieu caché derrière cette brillante divinité d'Athènes et de Rome obtint un jour les hommages qu'il lui adressait. Qui eût osé vanter son patriotisme autrefois, et certes il apparait que parmi les royalistes il est des ames aussi généreuses. Certains de ces hommes connus par leur dévouement aux augustes proscrits, eussent été des tribuns zélés pour la cause du peuple, où des héros de juillet auraient montré de durs et injustes patriciens.

J'arrive maintenant aux argumens rebattus dont on prétend écraser le parti de Henri V. Livrée aux Bourbons par la sainte-alliance comme à des maîtres odieux, la France qui ne peut oublier cet affront, aura toujours un éloignement invincible pour cette famille. Je n'examinerai pas si cette plainte est fondée. Elle ne touche pas le jeune exilé, et il suffit. Doit-on adresser de pareils reproches à ceux qui désirent tomber au premier rang si l'ennemi posait le pied sur le sol français ; à ceux qui demandent un roi constitutionnel et légal ; à ceux qui voudraient courir après cettte liberté que la révotion de juillet avait promise et qu'elle a achevé de ravir ; à ceux qui ont gémi sur les fatales ordonnances. De nos jours, sous nos yeux, on joue aussi le rôle odieux d'étranger, l'on applaudit et l'on frappe des mains, l'on fait des vœux. Si la France et l'Angleterre n'avaient donné de l'argent, des vaisseaux et des hommes. don Pédro aurait-il songé de ramener sa fille en Portugal ? Si les Belges eussent été libres dans leur choix, Léopold régnerait-il chez eux ? Si tel peuple eût été souverain....

On ne cesse d'opposer le droit divin comme incompatible avec la souveraineté populaire, comme destructeur de toutes les libertés et franchises. Aucun des défenseurs de cette cause n'a recours à un pareil moyen. Les titres qu'ils veulent faire valoir sont gravés dans les cœurs. Que la nation soit consultée, et lorsqu'elle se sera expliquée, ils se soumettront religieusement à son arrêt. Les adversaires appellent peut-être droit divin cette volonté générale qu'ils méprisent.

Ils ne sont pas plus justes quand ils veulent faire retomber sur la tête du jeune prince l'odieux de guerres impies ou de brigandages qui se font sous son drapeau. Empêchez l'homme vicieux de se parer des dehors de la vertu, de vanter son honneur. Il n'y a qu'un grand nom qui puisse servir d'abri aux hommes aveuglés par le fanatisme ou entraînés par leurs passions.

Enfin, les yeux de plusieurs ne peuvent s'habituer au drapeau qu'ornait le lys. Il faut être bien frivole pour attacher quelqu'importance à la couleur d'un étendard. Les trois couleurs furent ennoblies par de nombreuses et belles victoires ; le blanc brilla sur mille champs de bataille, et toujours l'on trouvait le panache du grand Henri au chemin de l'honneur. L'un et l'autre ont été promenés triomphans dans toutes les parties du monde. Au-dessus de ces préventions puériles, je rends hommage à l'un et à l'autre, ear j'aime le drapeau d'Austerlitz, j'aime le drapeau de Bonnivet et de Fontenoy. Qu'on cesse d'outrager le lys. Il doit être sacré comme l'olivier d'Athènes. Guerriers immortels qui pendant une longue suite de siècles écoulés, vous êtes couverts de gloire et avez illustré la patrie sous cette bannière éclatante, ne gémissez-vous pas de ne plus la voir flotter chez vos neveux ; aviez-vous prévu qu'après avoir assisté en quelque sorte à la naissance de nos villes, cet emblême de la paix et de la valeur serait proscrit comme un objet profane ; et vous qui vîtes pendant vingt ans le drapeau tricolore précéder nos légions invincibles, eussiez-vous pensé que le coq, l'arrachant à l'aigle audacieux, le traînerait dans la poussière et dans la fange.

Telles sont les accusations que s'adressent tous les partis. Elles sont en général vaines ou ridicules. Entendez-les. Le légitimiste est ami des tyrans et dominé par le fanatisme. Le républicain boit le sang et se plaît dans le carnage. Le doctrinaire réunit les vices de tous et n'a aucune vertu, Que signifie cela sinon qu'il est dans tous les partis des hommes livrés à leurs passions. De quel droit un parti plutôt qu'un autre choisira-t-il la forme et le chef du gouvernement ? Pourquoi le Midi sera-t-il dépendant du Nord ? Où sont les provinces souveraines et les provinces conquises ? Où est la France ? Elle n'est plus si nos divisions n'ont pas un terme. Invoquons la concorde. Que la grande urne soit apportée, que chacun, dégagé de toute influence, exprime le vœu de son cœur. Les étrangers sont là, il est temps de tourner contre eux les armes qui, servant à nous entre-détruire, pourraient nous livrer et de servir encore de modèle aux nations.

VIVE LA FRANCE !